MIS PRIMERAS 100 PALABRAS DE LA BIBLIA

Rojo

LA CREACIÓN

Génesis 1

En el principio, Dios creó todo. Hizo el cielo azul, el pasto verde y flores de muchos colores. Todo fue hermoso.

Amarillo

Naranja

Rosado

Verde

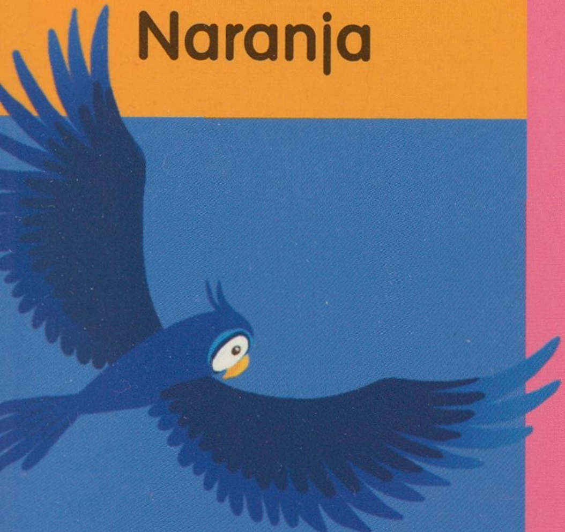

Azul

Marrón

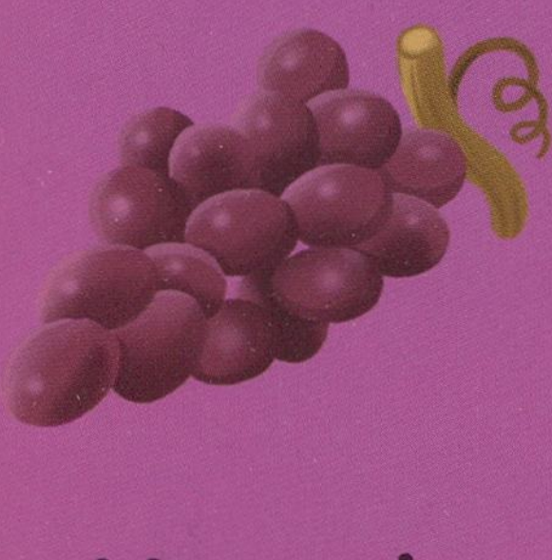

Morado

Negro

Blanco

Ave

Pez

Mono

León

Elefante

Perro

Rana

Cebra

Gato

Jirafa

EL ARCA DE NOÉ

Génesis 6-9

Dios sabía que se acercaba un diluvio. Le dijo a Noé que construyera un arca grande para los animales. Él construyó el arca y todos estuvieron a salvo.

MOISÉS Y LA ZARZA ARDIENTE

Éxodo 3:2-4

Mientras Moisés cuidaba sus ovejas, vio una zarza ardiendo y escuchó a Dios hablar desde ella. Dios tenía un trabajo importante para Moisés.

Arena

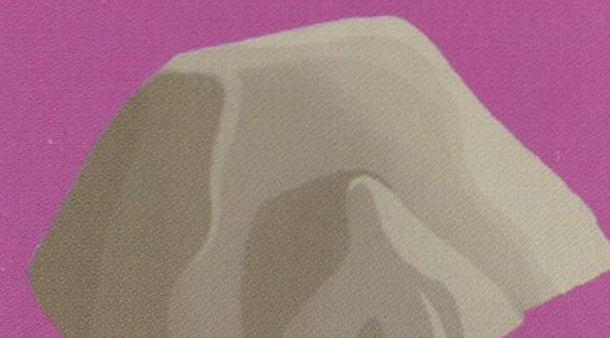

Roca

Rama

Fuego

Flores

Agua

Pasto

Árbol

Arbusto

Viento

Grande

Largo

Pequeño

Círculo

Cuadrado

Rectángulo

Corazón

Corto

Triángulo

Estrella

DAVID Y GOLIAT

1 Samuel 17:49

Goliat era un soldado grande y malo con una espada puntiaguda y una lanza larga. David era pequeño y sólo tenía una honda. David enfrentó a Goliat y con la ayuda de Dios, David ganó.

DANIEL Y LOS LEONES

Daniel 6:22

Daniel estaba en el foso de los leones con muchos animales aterradores. Dios envió un ángel para protegerlo y mantenerlo a salvo.

Uno

Cinco

Dos

Tres

Cuatro

Seis

Siete

Ocho

Nueve

Diez

Cabeza
Ojo
Nariz
Brazo
Cabello
Boca
Oreja
Dedo
Mano
Pierna

EL NACIMIENTO DE JESÚS

Lucas 2:6-7

Cuando Jesús nació, su madre María lo abrazó. Todos miraron a este maravilloso bebé.

Niño

LOS NIÑOS Y JESÚS

Marcos 10:13-16

Los padres llevaron a sus hijos a Jesús. Él sonrió y los bendijo a todos.

Jesús ama a los niños y quiere lo mejor para todos.

Hermana

Niña

Hombre

Mujer

Abuelo

Abuela

Hermano

Padre

Madre

Luna

Sol

Estrella

Nube

Lluvia

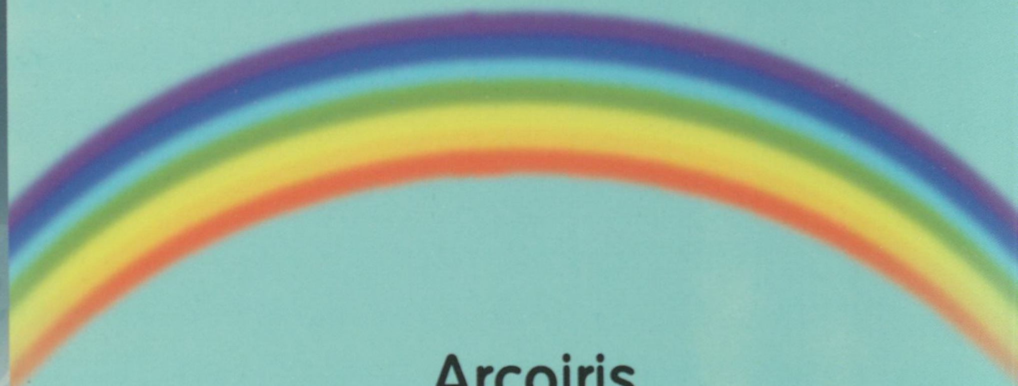

Arcoiris

Día

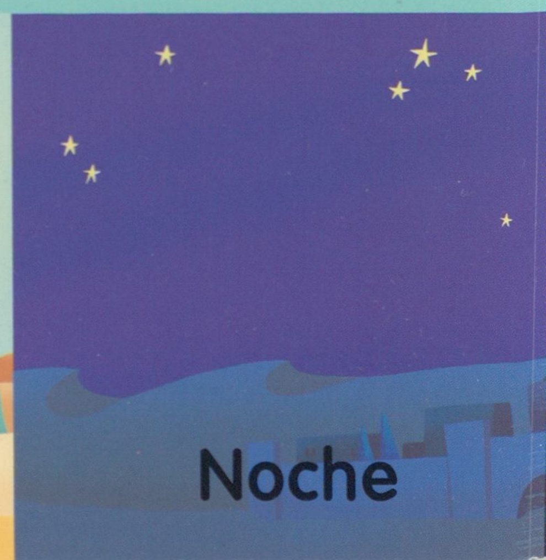

Noche

JESÚS CALMA LA TORMENTA

Marcos 4:35-41

Cuando se desató una tormenta, Jesús dijo: "¡Silencio! ¡Cálmense!". El viento cesó y las olas se calmaron. Los amigos de Jesús quedaron asombrados.

Feliz

ZAQUEO SE ENCUENTRA CON JESÚS

Lucas 19:1-10

Zaqueo era un hombre bajo, por lo que subió a un árbol para ver a Jesús. Cuando Jesús lo vio, lo trató con bondad. Zaqueo se sintió feliz y aceptado.

Triste

Enojado

Alegre

Asustado

Sorprendido

Tranquilo

Celoso

Nervioso

Cariñoso

Naranja

Fresa

Pan

Leche

Pescado

Pollo

Huevos

Carne

Zanahoria

Arroz

COMPARTIENDO COMIDA CON AMIGOS

Lucas 24:41-43

Jesús disfrutaba pasar tiempo junto con sus amigos, compartían los alimentos y vida. Todos se sentían felices y amados en compañía de los demás.

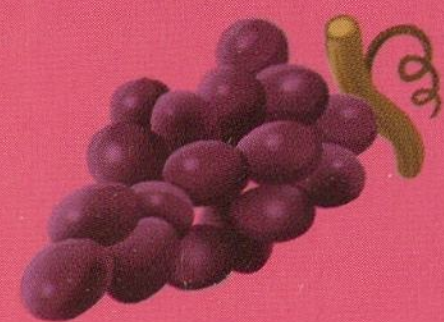

¡Descubre el gozo de mis primeras palabras con Historias Bíblicas!

Mis primeras 100 palabras de la Biblia, presenta a los niños pequeños el lenguaje y la fe. Es perfecto para niños de 0 a 2 años, este atractivo libro combina palabras esenciales con queridas historias bíblicas.

Desde la creación hasta Jesús, cada historia presenta palabras para tus pequeños. Con colores fuertes contrastantes e historias simples, capta la atención de los niños pequeños mientras los ayuda a aprender.

Deja que Mis primeras 100 palabras de la Biblia despierten el amor por las palabras y la Biblia.

MIS PRIMERAS 100 PALABRAS DE LA BIBLIA

1ra Edición

Publicado por Monsgo®
1218 Interstate Blvd. Florence, SC 29501, USA

Escrito por Jacob Vium-Olesen
Illustrado por Sandrine L'Amour
Diseño de portada por Hanyu Gao
Impreso en China

MONSGO®

ISBN: 9781949206722
9 781949 206722